# BEI GRIN MACHT SICH IHR WISSEN BEZAHLT

AF139859

- Wir veröffentlichen Ihre Hausarbeit,
  Bachelor- und Masterarbeit

- Ihr eigenes eBook und Buch -
  weltweit in allen wichtigen Shops

- Verdienen Sie an jedem Verkauf

Jetzt bei www.GRIN.com hochladen
und kostenlos publizieren

GRIN

**Bibliografische Information der Deutschen Nationalbibliothek:**

Die Deutsche Bibliothek verzeichnet diese Publikation in der Deutschen National-
bibliografie; detaillierte bibliografische Daten sind im Internet über http://dnb.d-
nb.de/ abrufbar.

**Impressum:**

Copyright © 2013 GRIN Verlag, Open Publishing GmbH
Druck und Bindung: Books on Demand GmbH, Norderstedt Germany
ISBN: 978-3-668-07018-9

**Dieses Buch bei GRIN:**

http://www.grin.com/de/e-book/308585/drogen-und-beschaffungsprostitution-
handlungsmoeglichkeiten-der-sozialen

Elisabeth Fischer

# Drogen- und Beschaffungsprostitution. Handlungsmöglichkeiten der sozialen Arbeit am Beispiel Streetwork

GRIN Verlag

**GRIN - Your knowledge has value**

Der GRIN Verlag publiziert seit 1998 wissenschaftliche Arbeiten von Studenten, Hochschullehrern und anderen Akademikern als eBook und gedrucktes Buch. Die Verlagswebsite www.grin.com ist die ideale Plattform zur Veröffentlichung von Hausarbeiten, Abschlussarbeiten, wissenschaftlichen Aufsätzen, Dissertationen und Fachbüchern.

**Besuchen Sie uns im Internet:**

http://www.grin.com/

http://www.facebook.com/grincom

http://www.twitter.com/grin_com

Alice-Salomon-Schule

Berufsbildende Schule für Gesundheit und Soziales

der Region Hannover

Fachoberschule Gesundheit und Soziales

Schwerpunkt Sozialpädagogik

# Facharbeit

im Lerngebiet: Aufgaben der Sozialpädagogik / Sozialarbeit analysieren

## Drogenprostitution und soziale Handlungsfelder

## am Beispiel Streetwork

Elisabeth Fischer

# Inhaltsverzeichnis

# Einleitung

Diese Facharbeit handelt von der Drogen- bzw. Beschaffungsprostitution und den Handlungsmöglichkeiten der sozialen Arbeit. Prostitution ist immer und überall in aller Munde. Jeder Mensch hat dazu sein Wissen, seine Erfahrungen, doch vor allem hat jeder dazu seine Meinung. Nirgendwo gibt es so viele Vorurteile wie in diesem Bereich. Trotz gesetzlicher Anerkennung der Prostitution als Erwerbstätigkeit -von einem Beruf sollte man hier nicht sprechen, denn ein Beruf ist etwas, was man durch eine Ausbildung erlernen muss- sieht die Gesellschaft das noch lange nicht so. Den Frauen wird unterstellt, sie hätten auf Grund mangelnder Bildung oder finanzieller Notlage keine anderen Möglichkeiten, als „die Beine breit zu machen". Eine Freiwilligkeit wird den Frauen oft gänzlich abgesprochen. Meine Motivation mich mit dem Thema Prostitution auseinander zu setzen, kommt von einem Ereignis aus meiner Kindheit. Damals habe ich mich nachts an den Fernseher geschlichen um eine Dokumentation über die Überlebenden der Titanic zu sehen. Danach lief ein Bericht über die Situation von Prostituierten in Tschechien. Ein Journalist war auf der als „längster Straßenstrich" Europas bekannter Straße, der E55, unterwegs und auch in Tschechien selbst. Noch Jahre später las ich jeden Artikel, den ich über Prostitution in die Finger bekam. Mein Interesse und der Wunsch in diesem Bereich zu arbeiten wurde dadurch immer größer. Das erste Buch über Prostitution war von Lisa Moss (vgl. Moss, 2006) ihm folgten in den weiteren Jahren noch viele Bücher. Mit Drogenprostitution kam ich zum ersten Mal durch das Buch von Natascha (vgl. Natascha, 2007) in Berührung. In dem handelt es sich um eine minderjährige Drogenprostituierte, die eben auch das Vokabular eines Teenies verwendet. Zu Beginn der Facharbeit war ich erst mal nur sicher, dass es das Thema Prostitution sein soll. In der Fachliteratur bin ich dann immer öfter auf die Drogen- bzw. Beschaffungsprostitution gestoßen. Somit stand der Schwerpunkt dieser Arbeit fest. Am Anfang soll erst einmal beleuchtet werden, wie Prostitution und Beschaffungsprostitution eigentlich definiert werden. Danach werden die Unterscheidungskriterien der Prostitution erklärt. Ich möchte damit ein Verständnis für die einzelnen Formen der Prostitution und ihre Unterscheidungskriterien wecken. Anschließend kommt der Hauptteil mit dem Drogen- bzw. Beschaffungsprostitutionsbereich. Die Merkmale und Gefahren werden näher erläutert. Ebenfalls zum Hauptteil gehört die soziale Arbeit mit Prostituierten. Auch hier werden wieder erst die Grundlagen der sozialen Arbeit und die Methode des Streetworks näher erklärt. Im anschließenden Teil der aufsuchenden Arbeit mit Drogen- bzw. Beschaffungsprostituierten, wird der Zusammenhang zwischen sozialer Arbeit und dem Hauptthema geknüpft. Am Ende erfolgen eine Zusammenfassung und ein Ausblick über die Zukunft und die Entwicklung der Drogenprostitution.

# 1. Definition von Prostitution und Beschaffungsprostitution

Prostitution und die Drogen- bzw. Beschaffungsprostitution sind komplett unterschiedlich und müssen auch getrennt voneinander betrachtet werden. Dieses Kapitel dient der Einführung in den Bereich der Prostitution und der Drogen- bzw. Beschaffungsprostitution.

Prostitution ist Ausübung, Vorname und/ oder Erduldung von sexueller Handlungen gegen Entgelt oder anderer materieller Güter (vgl. Böllinger, Stöver (Hrsg.),2003, S. 105). Eine der simpelsten Bezeichnungen für eine Prostituierte stellt diese dar: „ A whore is a women who fucks for money". Sie ist sehr simpel und auf den Punkt gebracht, doch der Fehler liegt in genau dieser Einfachheit Denn der Geschlechtsverkehr oder auch sexuelle Handlungen finden nicht nur gegen Barleistungen statt. Sie können auch gegen Obdach, Nahrung oder Drogen erfolgen. (vgl. Langer, 2003, S. 11). Und nicht immer entscheidet die Frau/ der Mann, ob sie/er die Prostitution von sich aus freiwillig vollziehen will

Die Beschaffungsprostitution hat als Hauptmotiv, den Gelderwerb für die Drogen zu sichern. Der Drogenkonsum findet nicht nur nebenbei statt, sondern ist oft der Grund warum der Prostitution überhaupt nachgegangen wird. Die Frauen prostituieren sich in der Regel für Heroin, Crack und Kokain. Wobei öfters mehrere Drogen konsumiert werden. Der Fachbegriff dafür ist Polytoxikomanie. In dieser Sonderform der Prostitution werden die sexuellen Handlungen nicht nur gegen Entgelt vollzogen, sondern auch gegen die oben bereits erwähnten Möglichkeiten. Die Frauen sind oft in einer existenziellen Notlage. Die Drogenprostitution ist auch als eine Form der Armutsprostitution zu verstehen, da sie für die Frauen die einzige Möglichkeit bietet ihr Überleben zu sichern (vgl. von Drücker, 2005, S.142).

## 2. Unterscheidungskriterien und Formen der Prostitution

Das Unterscheidungskriterium überhaupt in der Prostitution ist die Freiwilligkeit zur Ausübung. Freiwilligkeit ist jedoch schwer zu definieren, denn sobald Abhängigkeiten ins Spiel kommen, kann man eigentlich nicht mehr von Freiwilligkeit sprechen. Zum Verständnis wird folgende Tabelle herangezogen:

**Differenzierung nach dem Kriterium Freiwilligkeit**

| Freiwilliger Bereich | Grauer Bereich | Unfreiwilliger, gewaltförmiger Bereich |
|---|---|---|
| Entscheidung für die Prostitution in Abwägung mehrerer realer Optionen an Erwerbs- bzw. Berufsmöglichkeiten | Entscheidung für haupt- oder nebenberufliche Prostitution aufgrund von Not (z.B. Schulden) oder (emotionaler) Abhängigkeit, fehlender Ausbildung usw. in Abwägung stark eingeschränkter Optionen | Erzwungene Prostitution bzw. erzwungener Verbleib in der Prostitution, Ausbeutung und Gewalt |

*(vgl. Kavemann, 2009, S. 91)*

Für weitere Erläuterungen wird auf andere Literatur verwiesen.

In der nachfolgenden Tabelle wird nach dem Kriterium „Motivation und Selbstbild" unterschieden".

**Differenzierung nach dem Kriterium Motivation und Selbstbild**

| Prostitution | Beschaffungsprostitution | Zwangsprostitution |
|---|---|---|
| Frauen und Männer, die reflektiert und aus eigener Motivation und rationaler Entscheidung in diesem Bereich arbeiten | Frauen und Männer, die in der Prostitution arbeiten, um sich das Geld für ihren Drogengebrauch zu verdienen | Frauen (und Männer) die gegen ihren Willen zur Prostitution gezwungen oder unter ungewollten Bedingungen in der Prostitution festgehalten werden |

*(vgl. Kavemann, 2009, S. 91)*

Die nächste Unterscheidungsform stellt die jeweiligen Ausübungsorte dar. Wobei sich diese stark davon unterscheiden, ob sie von Männern oder Frauen genutzt werden. Prostitution findet in Bordellen und Bordell ähnlichen Einrichtungen (Saunaclub, Nightclub etc.), auf dem Straßenstrich, in privaten Wohnungen und auf Abruf als Begleitservice (Escort), statt. Da jedoch weder die Wohnungsprostitution, noch der Escortservice für diese Facharbeit von Relevanz sind, wird auch hier auf andere Literatur verwiesen. Auf den Ausübungsort Straßenstrich wird in 3.1 näher eingegangen, da der Straßenstrich und die Drogenprostitution eng miteinander verortet sind.

Die letzte aber auch wichtigste Unterscheidungsform für diese Facharbeit ist die, zwischen der „professionellen Prostitution" und der „unprofessionellen Prostitution". Die professionellen Prostituierten prostituieren sich um ihren regulären Lebensunterhalt zu finanzieren. Sie sind meistens registriert, achten auf ihre Gesundheit und nutzen die präventiven Möglichkeiten des Gesundheitsamtes, denn ihr Körper ist ihr Kapital. Sie definieren die Prostitution als ihre Arbeit und halten sich an den Berufsethos unter Prostituierten *(vgl. Sozialpädagogisches Institut Berlin, 1988, S. 15.).* Dieser Berufsethos umschließt folgende Fertigkeiten und Kenntnisse: das Auftreten gegenüber Freiern ist sicher, die Frauen kennen ihren Wert und wissen über das Preis-Leistungs-Verhältnis bescheid. Sie haben wie oben bereits ausgeführt ein Gesundheitsbewusstsein und schließen bestimmte Formen der sexuellen Handlungen aus z.B. küssen oder sexuelle Praktiken ohne Kondom. Die hier erwähnten Kompetenzen sagen aus, ob einer Prostituierten ein professionelles Verhalten zugeschrieben werden kann oder nicht.

Demgegenüber sind die folgenden Vorstellungen für das Unterstellen von Unprofessionalität von Bedeutung: ein Hauptgrund für die Prostitution stellt die Finanzierung von Drogen dar. Die Sexarbeiter/innen sind nicht in der Lage strikt zwischen gewerblichen und privaten sexuellen Handlungen zu unterscheiden. Beschaffungsprostituierten wird unterstellt, dass sie sich nicht an feste Preise halten, sondern sich als Preisbrecherinnen für weniger Geld hergeben, um an den „nächsten Schuss" zu gelangen. Drogenkonsumentinnen wird in der Regel unprofessionelles Verhalten und die Zugehörigkeit in diese Gruppe unterstellt *(vgl. Böllinger, Stöver, 2003, S. 105).* Dazu ein Auszug aus einem Interview um darzustellen wie mit Drogenprostituierten in der eigene Szene umgegangen wird. „...da Anschafferinnen in der Fixerszene auf der untersten Stufe sind, müssen sie sich am meisten schützen und geben deshalb nie zu, dass sie anschaffen. Auf dem Platzspitz mussten sie höllisch darauf achtgeben, dass niemand erfährt, dass sie anschaffen, weil sie sonst von den eigenen Leuten überfallen würden" (Meier/Geiger, 1993, S.75).

## 3. Merkmale der Drogen bzw. Beschaffungsprostitution

Die Beschaffungsprostitution ist eine weitere Subkultur die sich in der Subkultur der Prostitution gebildet hat. Sie hat ihre eigenen Grundregeln und Gesetze. Menschen die sich in dieser Subkultur aufhalten, tun dies nicht ohne zu wissen, wo sie sich befinden. Die Drogen- bzw. Beschaffungsprostitution ist durch mehrere Merkmale und Gefahren gekennzeichnet. Doch ihr Hauptmerkmal liegt wohl in der Drogenabhängigkeit, nicht dem Drogenkonsum, ihrer Mitglieder. Denn Drogenkonsum findet entgegen der langläufigen Meinung auch bei den so genannten professionellen Prostituierten statt. Diese haben ebenfalls einen hohen Suchtmittelverbrauch. Jedoch beruht dieser eher auf legalen Drogen oder verschreibungspflichtigen Medikamenten, und dient der Bewältigung von Belastungsfaktoren durch ihre Arbeit (vgl. Sozialpädagogisches Institut Berlin, 1988, Berlin).

### 3.1 Die Merkmale

„Beschaffungsprostitution kann als die weibliche Drogenfinanzierungsform bezeichnet werden" ( *Sozialpädagogisches Institut Berlin, 1988, S.14).*

Mangels weiterer gesicherter Finanzierungsquellen, ist die Ausübung der Prostitution für Frauen nahe liegend um ihren Drogenkonsum zu sichern (vgl. Böllinger, Stöver (Hrsg.), 2003, S. 105). Eine weitere Finanzierungsquelle, wie der Handel mit Drogen, scheint dagegen eine reine Männerdomäne zu sein. Kleine Diebstähle, Einbrüche, Körperverletzung oder Raub werden von beiden Geschlechtern ausgeübt. Wenn jedoch der Drogenkonsum ein solches Ausmaß angenommen hat, dass dieser nicht mehr mit dem eigenem Einkommen, staatlicher Unterstützung oder den oben genannten Methoden gedeckt werden kann, ist die Prostitution die Möglichkeit durch nicht kriminalisiertes Verhalten an Geld zu kommen. Doch hat dies auch einen entscheidenden Fehler, das Verhältnis zu den Drogen ändert sich je länger sich die Frauen auf dem Strich befinden. War die Droge erst noch ein Mittel um vorangegangene Gewalterfahrungen zu vergessen und die Prostitution zu erleichtern, müssen irgendwann mehr Freier bedient werden, um den steigenden Drogenkonsum zu finanzieren, was wiederum bedeutet, dass mehr Drogen gebraucht werden und das zieht wiederum nach sich, dass mehr Freier „bedient" werden müssen. Ein Teufelskreis ist entstanden, aus dem ein Entkommen fast unmöglich erscheint *(vgl. Langer, 2003, S.10; Tiede, 1997, S. 87).* Dies gilt sowohl für Frauen wie für Männer. Die männliche Beschaffungsprostitution unterscheidet sich stark von der weiblichen. Da dies eine andere Handlungsform der Prostitution darstellt, wird auf andere Literatur verwiesen.

Die Beschaffungsprostitution wird oft mit dem Straßenstrich assoziiert. Allerdings sind auf dem Straßenstrich sowohl professionelle Prostituierte als auch Beschaffungsprostituierte anzutreffen. Dieser Ausübungsort hat seine Besonderheiten. Er kann in den professionellen Straßen- und den Drogenstrich unterteilt werden. In diesem Fall sind der Erstere in der Nähe zum Sexgewerbe und der Drogenstrich in der Nähe der Drogenszene zu finden. Die Orte können sich jedoch auch überschneiden. Denn nicht in jeder Stadt gibt es einen abgetrennten Drogenstrich (vgl. Böllinger, Stöver, 2003, S. 111; Vgl. Sozialpädagogisches Institut Berlin, 1988, S.18).

Der Drogenstrich befindet sich zumeist im Sperrgebiet. Hier ist die Prostitution ganz oder teilweise verboten. Die Prostitutionstätigkeit entweder ganz verboten oder teilweise beschränkt. Bieten sie ihre Leistungen innerhalb des Sperrgebiets oder im nicht erlaubten Zeitraum an, begehen sie eine Ordnungswidrigkeit. Sie müssen ein Bußgeld zahlen und können mit einem Platzverweis belegt werden. Drogenprostituierte haben oft das Problem, dass sie sich wegen ihres benötigten Tagesbedarf nicht an Sperrzeiten oder Sperrgebiete halten können. Deswegen machen sie sich nicht nur wegen des Drogenbesitzes strafbar, sondern auch, weil sie gegen die Sperrbezirksverordnung verstoßen. Sie sind somit immer von Kriminalität und Illegalität bedroht. Ein Mann, der die Frauen in der verbotenen Zeit aufsucht, macht sich nicht strafbar, außer es gibt auch ein Kontaktverbot (Hamburg). In den Fällen wo sich nur die Prostituierte strafbar macht, nutzen dies manche Freier bewusst aus *(vgl. Zurhold, 2005, S.20, Strobel, 2006, S. 125)*.

Der Vorteil der Straßenprostitution ist, dass ein schneller Einstieg ohne weiteres möglich ist. Die Arbeitszeiten sind flexibel und können dem aktuellen Geldbedarf angepasst werden. Da die meisten drogenabhängigen sich prostituierenden Frauen nur wegen des Drogenkonsums anschaffen gehen, üben sie die Tätigkeit auch nur aus, wenn sie Geld benötigen. Diese Arbeitszeiten können zwischen 30 Minuten und 24 Stunden sein. Im Durchschnitt hat eine Drogenprostituierte zwischen einem und 25 Freier am Tag (vgl. von Drücker, 2005, S, 142). Die räumliche Nähe zur Drogenszene macht den Drogenkonsum während der Arbeit erst möglich. Das Beschaffungsprostituierte für Zuhälter in den seltensten Fällen interessant sind, ist ein weiteres Merkmal. Die Einnahmen der Sexarbeiter/innen bleiben zu 100% bei den Frauen. Bei der Straßenprostitution ist der Ort wo Preis und Leistung verhandelt wird nicht der Ort der Ausübung. Auf der Straße werden nur die Bedingungen besprochen. Die sexuelle Handlung oder der Geschlechtsverkehr werden an anderen Stellen ausgeübt. Die Orte sind die Straße selbst, z.B. im Sommer ein Gebüsch um die Ecke, das Auto des Freiers oder ein so genanntes Stundenhotel *(vgl. Zurhold, 2005, S. 20)*.

Das der Sex oder die sexuelle Handlung in der Beschaffungsprostitution besonders billig ist, stellt ein besonderes Merkmal dar. Der Preis für sexuelle Dienstleistungen richtet sich oft nach dem Preis, der für die Drogen zu bezahlen ist. Welcher daher i.d.R. wesentlich geringer ist als der reguläre Preis in Bordellen oder dem offiziellen Straßenstrich. Die Kunden wünschen schnellen, billigen Sex und das am besten ohne Kondom, welchen die Kunden auf Grund der Konkurrenzsituation, unter der die Frauen stehen, auch häufig durchgesetzt bekommen. Durch die Konkurrenzsituation sind die Frauen gezwungen, Freiern gegenüber größere Zugeständnisse zu machen, welche sie hinterher als Übergriff verstehen und eine professionelle Prostituierte oft nicht ausgeübt hätte (*vgl. Sozialpädagogisches Institut Berlin,1988, S. 20; vgl. Zurhold / Deutsche Aids Hilfe e.V.,2006,S. 93/94*).

## 3.2 Die Gefahren

Auf dem Drogenstrich herrscht i.d.R. ein sehr raues Klima. Der Druck das benötigte Geld schnellst möglich zusammen zu bekommen, belastet die Frauen sehr stark und ist eine der Gefahren in der Beschaffungsprostitution. Dies führt zu gesundheitlichen Risiken denen sich die prostituierenden drogenabhängigen Frauen täglich aussetzen.

Im Zusammenhang mit ihrer Drogenabhängigkeit kommt es zu einer der gefährlichsten Möglichkeit an den Krankheiten Hepatitis A, B, oder C und an HIV/AIDS zu erkranken. Dem sogenannten „Needle-Sharing". Hierbei teilen intravenös konsumierende Drogenabhängige eine Nadel. Dazu kommen die allgemeinen Lebensumstände denen Drogenprostituierte ausgesetzt sind, welche eigentlich zur Verelendung führen und nicht die Droge selbst. Wenn die Drogen kostenfrei und öffentlich kontrolliert zugeteilt werden würden, wären diese reiner, ohne gefährliche Streckstoffe und niemand müsste sich vermutlich mehr für die Drogen prostituieren. Beschaffungsprostituierte sind häufig obdachlos oder schlafen bei Freunden, Bekannten oder Freiern. Die Hygienemöglichkeiten sind bei Obdachlosigkeit sehr gering, Schlafmangel und vor allem eine unausgewogene, nicht ausreichende Ernährung, fordern ihren Tribut. Je länger die Drogenabhängigkeit besteht, desto schlechter sind z.B. die Zähne der Drogenkonsumenten. Auch „Berufskrankheiten" der Straßenprostitution gehören zum Alltag. Diese sind Erkrankungen der Eierstöcke, der Gebärmutter, der Nieren oder Blasenentzündungen aber auch Schwangerschaftsabbrüche (vgl. Sozialpädagogisches Institut Berlin, 1988, S. 23, vgl. *Tiede,1997, S. 100-101*).

In diesem Zusammenhang steht auch ein weiterer Gefährdungsmoment für Beschaffungsprostituierte. Der ungeschützte Geschlechtsverkehr oder die ungeschützte sexuelle Handlung und die damit verbundenen Risiken einer HIV-Infektion und andere sexuell übertragbare Krankheiten. Seitens der Frauen gibt es, hingegen der allgemeinen Meinung, einen hohen Wunsch nach Kondomen. Sei es wegen der fortgeschrittenen

Aufklärung über HIV/AIDS oder aber auch um sich von den Freiern abzugrenzen. Der Wunsch nach ungeschütztem Geschlechtsverkehr und/ oder sexuellen Handlungen scheint von den Kunden auszugehen. Sie haben oft den Irrglauben sich beim Oralverkehr nicht anstecken zu können oder auch, dass die Prostituierte ja nur bei ihnen diese Ausnahme macht. Sie argumentieren damit, selbst nicht krank zu sein und es auch nicht zu werden. Eine Drogenprostituierte berichtete folgendes: Die Freier sagen, sie wären immun gegen HIV (vgl. Langer, 2003, S.103).

Viele der Frauen bestehen zwar darauf nie ohne Kondom mit Freiern Geschlechtsverkehr zu haben, doch lässt sie der Druck Geld verdienen zu müssen, aber auch zugleich die Drogenwirkung, wenn sie während dem Anschaffen „zu sind", dieses Prinzip leicht vergessen. Der hohe Geldbedarf ist auch ein Grund, warum die Drogenprostituierten es sich selten leisten können einen Kunden abzulehnen. Etliche der Kunden glauben, dass sie, indem sie die Frauen bezahlen, die Drogenprostituierte kaufen und nicht nur ihre Leistung. Je nach Affigkeit, ein Fachbegriff für Entzugserscheinungen, der Frauen, ist es für den Freier leicht seinen Wunsch nach gefährlichen sexuellen Praktiken zu erfüllen (vgl. Sozialpädagogisches Institut Berlin, 1988, S.22; Deutsche Aids Hilfe e.V.(Hrsg.)/ Zurhold ,2006, S. 91; von Drücker, 2005, S.179; Langer, 2003, S. 127). Auch dazu berichtete eine Drogenprostituierte über die Freier >>..dann gibt's noch welche, die sind ganz schöne Schweine, die warten bis deine Pupillen immer größer und größer werden, und dein Turkey im Prinzip so groß wird, dass du im Preis runter gehst und alles macht' s im Prinzip>> (vgl. Langer, 2003, S. 74).


Die größte Gefahr besteht jedoch in der fast alltäglichen Konfrontation mit körperlicher oder seelischer Gewalt durch Freier. Dazu gehören tätliche Übergriffe, Raub, Nötigung oder gar Vergewaltigung. All diese Verbrechen sind an der Tagesordnung. Speergebietsverordnungen verstärken dieses Problem noch anstatt es zu bekämpfen. Der oben ebenfalls schon einmal erwähnte Konkurrenzdruck erleichtert es Freiern zudem ihre Übergriffe zu begehen, da es unter den Frauen selten Schutzmöglichkeiten gibt. Zwar achten einige Frauen auf ihre Kollegin und schreiben sich für den Notfall die Autokennzeichen auf, dieses Schutzsystem ist jedoch eher in der professionellen Prostitution zu finden. Weswegen das bei den Drogen bzw. Beschaffungsprostituierten nicht so oft zu finden ist, können Misstrauen, Abwertungen und Desinteresse zwischen den Frauen sein (vgl. Deutsche Aids Hilfe e.V. (Hrsg.)/ Zurhold, 2006, S. 94; Sozialpädagogisches Institut Berlin, 1988, S. 20-21; Böllinger, Stöver (Hrsg.), 2003, S. 108).

Die Biographie von Drogenprostituierten weist oft traurige Gemeinsamkeiten auf. Problematische Entwicklungsverläufe wie z.B. die Herkunft aus gewaltbereiten, alkoholkranken oder medikamentenabhängigen Familien, sexueller Missbrauch (oft durch enge Familienangehörige) und in Obhutnahme durch das Jugendamt, kennzeichnen ihr Leben (vgl. Deutsche Aids Hilfe e.V. (Hrsg.)/ Zurhold, 2006, S. 95). Besonders auffällig ist hierbei, dass Beschaffungsprostituierte die in ihrer Kindheit oder Jugend sexueller oder körperlicher Gewalt ausgesetzt waren, fast doppelt so häufig Opfer von Vergewaltigungen werden, wie Kolleginnen ohne derartige Gewalterfahrungen. Es scheint den Mädchen und Frauen offenbar schwerer als den Anderen zu fallen, sich vor Gewalt durch Freier zu schützen. Zu dem Trauma, dass eine Vergewaltigung hinterlassen kann, kommt noch die Gefahr durch sexuell übertragbare Krankheiten und HIV/AIDS sowie Ekel. Denn Vergewaltigungen kommen meistens ohne die Nutzung eines Kondoms zustande (vgl. Deutsche Aids Hilfe e.V. (Hrsg.)/ Zurhold, 2006, S. 94 - 95).

# 4. Soziale Arbeit mit Prostituierten (Sexarbeiterinnen)

Nur weil Prostituierte diesen Beruf nachgehen, haben sie nicht immer einen Hilfs- und Unterstützungsbedarf. Es gibt verschiedene Organisationen die sich mit sozialen Hilfen für Prostituierte, die in diesem Bereich als Sexarbeiter/innen bezeichnet werden, befassen. Die Organisationen richten sich nach ihren Schwerpunkten und Zielgruppen. Sie kooperieren oft miteinander und die Angebote können sich durchaus überschneiden. Unabhängig von ihren Schwerpunkten haben sie ein und denselben Grundsatz: die akzeptierende Haltung gegenüber der Ausübung der Prostitution, solange diese freiwillig stattfindet. Es soll nicht missioniert werden, wie es noch vor einigen Jahren oft in kirchlichen Organisationen üblich war. Die Beratung und Unterstützung ist nicht davon abhängig, ob die Hilfesuchende die Prostitution weiterhin ausüben oder aussteigen möchte. Sehr wichtig ist ein guter Kenntnisstand über die Lebenssituation von Prostituierten im jeweiligen Milieu. Die Beratungsstellen bestehen i.d.R. nur aus Frauen. Männer sind in Einrichtungen tätig die sich mit der mann-männlichen Prostitution beschäftigen. Das hat den Grund, dass für die Frauen ein Männerfreier Schutzraum geschaffen werden soll. Die Frauen haben zudem, wenn sie obdachlos sind keine Möglichkeiten sich vor Freier und der Straße auch mal zurück zu ziehen. Somit ist dieser Schutzraum für sie überlebenswichtig. Die zu den Gesundheitsämter gehörenden Beratungsstellen für AIDS und sexuell übertragbare Krankheiten, kurz STD-Beratungsstellen, sind weitere Anlaufmöglichkeiten. Durch die Änderung des Gesetzes im Jahre 2001 wurde aus dieser ehemaligen Kontrollinstitution eine anerkannte Beratungsstelle die Sexarbeiter/innen nun freiwillig aufsuchen. Eine der Handlungsmethode der Sozialen Arbeit ist das Streetwork (vgl. von Drücker, 2005, S.222- 223; Langer, 2003, S. 37-38).

## 4.1 Streetwork – methodische Grundlagen

Streetwork kommt aus Amerika und lässt sich mit dem Begriff „Straßensozialarbeit" übersetzen. Straßensozialarbeit muss in der Lebenswelt der Zielgruppe verankert sein. Darin liegt auch ihr Unterschied zur sozialen Arbeit, die meist in Institutionen angeboten wird. Es sollte weg von der „Komm-Struktur"- eine neue Methode entwickelt werden, die den Klienten die Möglichkeit gibt Hilfe und Unterstützung zu bekommen auch wenn sie nicht die Motivation besitzen Hilfseinrichtungen aufzusuchen (vgl. Narciss, 1991, S. 72, 74-75). Sie stellt das Verbindungsglied zwischen Szene und Hilfseinrichtung dar. Zielgruppen für die Straßensozialarbeit sind sozial benachteiligte, stigmatisierte oder kriminalisierte Gruppierungen oder einzelne Personen. Bei ihnen wird oft von einer Schwellenangst und tiefen Misstrauen gegenüber Institutionen ausgegangen. Weswegen Streetwork die beste Möglichkeit zum Erreichen dieser Menschen ist. Niedrigschwelligkeit ist in diesem Bereich ein Muss. Niedrigschwelligkeit bedeutet, dass die Beratung sich nach dem Lebensrhythmus der Klienten richtet. Dies dient einer lebensnahen Versorgung und um

Kontakte zum Milieu zu bekommen und aufrechtzuerhalten. Deswegen findet die Arbeit ebenfalls abends, nachts und an den Wochenenden statt. Die Räumen müssen sich in der Nähe der Szene befinden. Als letztes sollte beachtet werden, dass sich die Arbeit nach den tatsächlichen Bedürfnissen der Nutzer richtet. Streetwork sollte jedoch niemals ohne eine feste Einrichtung im Hintergrund stattfinden, da nur hier weiterführende Angebote möglich sind (vgl. Narciss, 1991, S. 74-75; Bundesministerium für Gesundheit (Hrsg), 1994, S. 2-3).

Streetwork selbst gibt es in Amerika seit den 20er Jahren. In Deutschland wurden die ersten Methoden der aufsuchende Arbeit Ende der 60er, Anfang der 70er Jahre entwickelt. Begonnen hat alles mit der Straßensozialarbeit für Drogenkonsumenten. Diese sollten erst motiviert werden Beratungsstellen aufzusuchen, doch die direkte Begleitung und Unterstützung durch das Aufsuchen setzte sich durch. Die Nichtseßhafthilfe kam Ende der 70er Jahre. Erst Mitte der 80er durch das bekannt werden von AIDS und der damit verbundenen Problematik kamen die Prostituierten, sowie besonders die Drogenprostituierten und andere Risikogruppen (z.B. Homosexuelle) in das Blickfeld der Gesellschaft und auch der Hilfsprojekte (vgl. Narciss, 1991, S. 72-75).

## 4.2 Streetwork/Straßensozialarbeit mit (Drogen-) Prostituierten

Die Straßensozialarbeit ermöglicht das Bekanntmachen von Hilfsmöglichkeiten und Angeboten und motiviert die Frauen, diese auch anzunehmen. Sie werden über die Hintergrundeinrichtungen informiert und an diese oder für sie andere hilfreiche Institutionen weitervermittelt. Die vorhin schon bereits erwähnte Schwellenangst gegenüber Institutionen, Beratungsstellen und auch Sozialarbeiterinnen wird

möglicherweise abgebaut. Mit die wichtigste Aufgabe stellt die AIDS-Prävention dar. Die durch Aufklärung, Informationen und Beratung sowie durch kostenlose Kondomverteilung erreicht werden soll (vgl. Narciss, 1991, S. 81).

Das Verteilen von Kondomen, Gleitmitteln, Taschentüchern, Feuchttüchern und anderen nützlichen Arbeitsmaterialien, aber auch von Flyern und Infobroschüren ermöglicht den ersten Kontakt mit den Frauen. Auch kleine Aufmerksamkeiten wie ein belegtes Brötchen, Bonbons und Kakao im Winter oder kalter Tee im Sommer erleichtern die Kontaktaufnahme. Eine feste Anlaufstelle, wie z.b. das „Café Nachtschicht" in Hannover auf dem Straßenstrich, kann sinnvoll sein. Hier können die Frauen sich hinsetzen, einfach mal durchatmen, einen Kaffee trinken aber auch sprechen. Sie können sich über gewalttätige Freier an einer Pinnwand informieren und sich mit Arbeitsmaterialien wie Kondomen eindecken und ggf. auch Spritzen tauschen. Zur Krisenintervention und Beratung stehen hier immer zwei Beraterinnen zur Verfügung. Zusätzlich erhalten die Frauen Tipps zu „Safer Sex", „Safer Work" und „Safer Use" (vgl. Dekrell, 2010, S.91).

Safer Sex beinhaltet den richtigen und regelmäßigen Gebrauch von Kondomen. Dies bedeutet aber auch, dass sie nicht nur bei der Arbeit Kondome verwenden, sondern auch im Privatleben. Denn im Privatleben werden i.d.R. keine Kondome verwendet, denn diese gelten als Zeichen des Misstrauens und fehlender Liebe. Da aber die Partner selbst oft der Drogenszene angehören, haben diese die gleichen Risikofaktoren (vgl. Deutsche Aids Hilfe e.V. (Hrsg.)/ Zurhold, 2006, S. 92).

Bei Safer Work werden die Frauen über Strategien aufgeklärt, wie sie bei den Kunden den Kondomgebrauch durchsetzen, sich gegen Praktiken abgrenzen die sie nicht anbieten möchten und wie sie sich gegen gewalttätige Freier am besten schützen. Wegen des in den Gefahren bereits erwähnten, hohen Gewaltpotenzials muss die Gewaltprävention einer der Schwerpunkte in der aufsuchenden sozialen Arbeit sein (vgl. Deutsche Aids Hilfe e.V. (Hrsg.)/ Zurhold, 2006, S. 95). Safer Use ist zum Einem der Spritzentausch und zum Anderen das Aufklären über „Needle –Sharing".

Die Straßensozialarbeit im Prostitutionsgewerbe und insbesondere in der Beschaffungs- bzw. Drogenprostitution muss, wie in den methodischen Grundlagen schon ausgeführt, in der Lebenswelt der Prostituierten stattfinden. Dies kann allerdings in allen Bereichen, in denen die Frauen arbeiten sein. Einzelne Drogenprostituierte sind am Anfang ihrer Prostitutionstätigkeit noch in Bordellen und Clubs anzutreffen, doch können sie die an sie dort gestellten Erwartungen nicht lange erfüllen. Somit beschränkt sich die Straßensozialarbeit in der Beschaffungsprostitution auf den Straßenstrich, zum Teil in der Drogenszene und an Orten an den sich die Sexarbeiterinnen mehr oder weniger freiwillig aufhalten, wie im Gefängnis, einer (Entzugs-) Klinik oder einem Krankenhaus (vgl. Narciss, 1991, S. 81; Strobel, 2006, S. 118).

Um nochmals auf die schon bereits erwähnte Nähe zur Szene zurück zukommen. Drogenabhängige halten sich in der Regel den ganzen Tag in der Drogenszene auf. Ihr Tagesablauf wird meistens davon bestimmt Geld für die Droge und wiederrum die Droge zu beschaffen. Deswegen sollte Straßensozialarbeit in der Beschaffungsprostitution auch tagsüber angeboten werden, da die Frauen dann arbeiten können, wenn sie Geld benötigen (vgl. Deutsche Aids Hilfe e.V. (Hrsg.)/ Zurhold, 2006, S. 100). Angebote in den festen Hilfseinrichtungen, wie eine Ausruh- bzw. Schlafmöglichkeiten, eine Dusche, ein WC und Waschmaschine aber auch Getränke und Essen können sinnvoll sein, weil viele der Frauen diese Bedürfnisse weder in Bordellen, noch in Hotels oder eigenen Wohnungen stillen können, da drogenabhängige sich prostituierende Frauen zwischen 60% und 80%, zu mindestens zeitweise, keinen eigenen festen Wohnsitz haben (vgl. Narciss, 1991, S. 75). Die physische und psychische Situation der Frauen ist davon stark geprägt, wie ebenfalls durch ihr Leben in der Illegalität.

Weil in der Drogen bzw. Beschaffungsprostitution die Strukturen stark variieren, z.B. wegen der Größe der einzelnen Stadt, muss sich die aufsuchende Sozialarbeit dem anpassen. Die Strukturen von Städten wie Hamburg, Berlin und Frankfurt am Main sind nicht mit denen von Hannover oder Köln vergleichbar. Auch variieren die Drogenszenen in den Städten stark und die Drogenszenen bestimmen die Drogenprostitution. Der Crack- Konsum ist z.B. in den Städten Hamburg und Frankfurt am Main stark verbreitet. Crack macht quasi vom ersten Stein (die gängige Konsumeinheit) an süchtig. Die Wirkung, welche nur kurz, zwischen fünf und zehn Minuten anhält, ist so euphorisch und da danach sofort die Entzugserscheinungen einsetzen ist dieser Zustand nur schwer ohne die nächste Konsumeinheit zu ertragen. Eben wegen dieser enormen Suchtdynamik setzt Crack auch eine schnelle Verelendung in Gang (vgl. Deutsche Aids Hilfe e.V. (Hrsg.)/ Zurhold, 2006, S. 94; Strobel, 2006, S. 79). Die Drogen und die Prostitutionspolitik beeinflussen die soziale Arbeit zusätzlich. Die Kontaktaufnahme mit den Beschaffungsprostituierten ist auf dem legalen Straßenstrich relativ einfach, schwieriger wird es wenn die Frauen in einem Sperrbezirk anschaffen. Denn die Frauen wollen und dürfen nicht als Prostituierte erkannt werden. Eben wegen dieser Besonderheiten sind Felderfahrungen für die Sozialarbeiter/innen von entscheidender Bedeutung. Sie müssen über die Orte, den Umfang und die Erscheinungsformen Bescheid wissen (vgl. Deutsche Aids Hilfe e.V. (Hrsg.)/ Zurhold, 2006, S. 100).

Ein großer Vorteil der Straßensozialarbeit ist, dass besonders schnell auf Alltagsprobleme reagiert werden und schnell Hilfe mobilisiert werden kann. Die Krisenintervention, die die oben genannte Aufgabe, Hilfe in Notlagen und Krisensituationen und Unterstützung bei Erlebter Gewalt beinhaltet, ist somit die zweitwichtigste Aufgabe von Streetwork (vgl. Deutsche Aids Hilfe e.V. (Hrsg.)/ Zurhold, 2006, S. 103). Aber nicht nur Krisenintervention, sondern auch eine langfristige Beratung ist machbar
Zur langfristigen Beratung gehört die Hilfe beim Ausstieg aus der (Drogen-)Prostitution. Für Drogenprostituierte erweisen sich Ausstiegshilfen nur dann als geeignet, wenn die Frauen nicht nur motiviert sind für den Ausstieg, sondern auch einen festen Entschluss zum 'clean' werden haben (vgl. Brückner/Oppenheimer, 2006, S.174; Drogenprostituierte die sich für einen Ausstieg, welcher nicht mehr als solcher sondern als berufliche Umorientierung bezeichnet wird, entschieden haben, haben einen sehr langen Weg vor sich. Der Einstieg in die Prostitutionsszene ist wesentlich leichter als der Ausstieg, da der Beginn der Prostitution eher zufällig erfolgt, während der Ausstieg eine bewusste Entscheidung ist (vgl. Tiede, 1997, S. 115). Die Beschaffungsprostituierten leiden zum Teil noch immer unter den traumatisierenden Ereignissen ihrer Kindheit und Jugend, welche sie versucht haben mit Hilfe der Drogen zu vergessen. Die Zeit in der Prostitution hat ebenfalls ihre Spuren hinterlassen, sowohl physische und psychische. Der Mangel an Bildung, ein fehlender Schul- oder Berufsabschluss bzw. lange Abwesenheit im erlernten Beruf, machen einen Weg zurück als Mitglied der Gesellschaft fast unmöglich. Sobald die Frauen aufhören Drogen zu konsumieren, fehlt ihnen ihre übliche Tagesstruktur. Doch das schlimmste Ergebnis nach einem Ausstieg ist das Abgleiten in die Einsamkeit. Ihre Kontakte sind in der Szene und ein Ausstieg aus der Drogensucht, obwohl man weiterhin mit anderen Drogenkonsumierenden zusammen ist, gilt als unmöglich (vgl. Möller (Hrsg.), 2010, S.201).
Die Aufgaben, die an eine Frau nach ihrem Ausstieg gestellt werden sind vielseitig. Sie müssen ihre Drogensucht durch Entzug und Therapie und/oder Substitution bewältigen. Ihre Wohnsituation muss geklärt, sowie ihre gesundheitliche Situation verbessert werden. Sie müssen lernen mit der oben erwähnten Einsamkeit und weniger Geld umzugehen, um bei (erneuten) finanziellen Sorgen oder Engpässen die Prostitution nicht wieder als Alternative zu sehen. Das Entwickeln einer Tagesstruktur, von neuen Lebensperspektiven und

schulischen und/oder beruflichen Perspektiven stellt eine besondere Herausforderung dar. Es ist sinnvoll, dass sie sich nach dem Ausstieg psychologische und therapeutische Hilfe suchen, um die Traumatisierungen vor und während der Prostitution zu verarbeiten. All diese Aufgaben fallen aber nicht nur einmal an, sondern jeden Tag aufs Neue (vgl. Möller (Hrsg.), 2010,S. 202).

Angesichts dieser Aufgaben sind die Erwartungen die an die aufsuchende Arbeit gestellt werden klar. Sie muss das Vertrauen und die Bindung herstellen damit die Frauen die oben genannten Herausforderungen auch annehmen und im Falle eines Scheiterns müssen sie aufgefangen werden. Die Aufgaben sind an eine langfristige Betreuung gebunden und nicht ohne eine feste Einrichtung im Hintergrund zu erfüllen. Nicht alle Einrichtungen die Streetwork mit Prostituierten anbieten, erfüllen die oben genannten Aufgaben. Diese kümmern sich nur um die Existensbedürfnisse der Drogenprostituierten und leiten sie an andere Einrichtungen weiter, ein Beispiel dafür ist ragazza e.V. in Hamburg.

Die aufsuchende Straßensozialarbeit mit Beschaffungsprostituierten umfasst also eine Vielzahl von Unterstützungsmöglichkeiten, welche die Existenzsicherung, Stärkung des Gesundheits- und Risikobewusstseins, die Förderung der Selbsthilfe und die Entwicklung von Zukunftsperspektiven außerhalb des Milieus umfasst (vgl. Deutsche Aids Hilfe e.V. (Hrsg.)/ Zurhold, 2006, S. 102-103).

# Schluss

Das Ziel dieser Arbeit war es einen Überblick über die Beschaffungsprostitution zu geben. Die Bedingungsfaktoren, Merkmale und Gefahren sollten näher beleuchtet und erklärt werden. Ein Verständnis sollte geschaffen und die Frauen nicht nur als Opfer wahrgenommen werden. Natürlich sind sie ein Opfer, ihrer Selbst, ihrer Drogensucht, ihrer meist unfreiwilligen Prostitution und natürlich Opfer der Männer die sie verletzen und ausnutzen. Doch sie sind eben nicht nur Opfer sondern auch stark und mutig. Die Frauen haben oft schon sehr lange „Suchtkarrieren" hinter sich, mitunter weit über 20 Jahren. Sie müssen mit Diskriminierungen außer- und innerhalb ihrer Lebenswelt, mit unwirtlichen Lebensbedingungen, gefährlichen Situationen und ihren eigenen oft traumatischen Erinnerungen klarkommen. Erst Hilfsmöglichkeiten der sozialen Arbeit gelingt es einen Kontakt zu den Frauen herzustellen und ihnen neue Lebensperspektiven aufzuzeigen. Sobald die Frauen substituiert sind steigen die meisten mit sofortiger Wirkung aus der Prostitution aus, diejenigen die noch bleiben bedienen nur noch Stammfreier, da der Beschaffungsdruck nachgelassen hat. Doch nur mit einer Substitution ist es nicht getan, denn der Ersatzstoff hilft nur bei körperlichen Entzugserscheinungen. Die psychischen Folgen und die Gründe, warum es erst zur Prostitution gekommen ist, werden nicht bekämpft. Eine Traumatherapie ist neben einer Entgiftung unumgänglich. Die Drogenszene verändert sich stetig und mit ihr die Drogenprostitution. Mit dem Einzug von Heroin in die Szene begannen die ersten Zeichen der Verelendung. Drogenabhängige mussten sich nun prostituieren um ihre Abhängigkeit zu finanzieren. Zu dieser Zeit gab es auch viele minderjährige Prostituierte. In den 90er Jahren eroberte Kokain und nach ihm Crack den Markt. Crack ist billig und hat somit die Prostitutionsszene stark verändert, denn die Preise gingen runter. Zudem kann Crack auch bewirken, dass sich die Spirale aus Beschaffungsdruck und Konsum schneller dreht. Heute überschwemmen neue Drogen den Markt z.B. Crystal Meth. Durch diese wird sich die Beschaffungsprostitution und die Drogenszene nochmals verändern! Es ist erneut eine Droge, die sofort abhängig macht und ihre Konsumenten physisch wie psychisch zerstört. Eine weitere Droge ist Krokodil. Krokodil, ist ein billiger Ersatzstoff für Heroin, der in kurzer Zeit seine Abhängigen tötet. Diese Drogen setzen eine bislang noch nicht gekannte Verelendung in Gang. Auch die Veränderung in der Prostitutionsszene durch neue Medien, stellt Probleme dar. Die Frauen stehen nicht mehr nur auf der Straße, sondern finden ihre Kunden z.B. durch das Internet   Eine Kontaktaufnahme der Streetworkerinnen zu den Prostituierten wird damit deutlich erschwert. All die Veränderungen werden sich sehr auf die soziale Arbeit mit Beschaffungsprostituierten auswirken. Ein weiterer Faktor, die Ausweitung der Armuts- bzw. Elendsprostitution wird auf die Sozialarbeiter/innen zukommen. Sie stellt zwar auch jetzt schon ein Problem dar, aber die Ausmaße werden noch wachsen. Wenn die Arbeitsbedingungen im Jahre 2014 erweitert werden und die Menschen aus den osteuropäischen Staaten sich ganz legal hier aufhalten und arbeiten dürfen. Dann werden nämlich noch mehr Frauen und Mädchen aus diesen Ländern vor ihrer Armut fliehen um in Deutschland „ihr Glück zu versuchen" und landen in der Prostitution. Schon jetzt macht die Armutsprostitution in vielen Städten die Lage für Prostituierte unerträglich. Preise von 5€ -10€ für Verkehr und das ohne Kondom sind leider keine Seltenheit mehr. Dieser Problemlage her zu werden, wird eine der großen Herausforderungen an die Straßensozialarbeit und die soziale Arbeit im Allgemeinen.

# Literaturverzeichnis:

Böllinger, L., Stöver, H. (Hrsg.) (2003), *Drogenpraxis Drogenrecht Drogenpolitik*, Verlagsort: Frankfurt am Main.

Brückner M., Oppenheimer C. (2006), *Lebenssituation Prostitution, Sicherheit, Gesundheit und soziale Hilfen.* Verlagsort: Königsstein/ Taunus

Bundesministerium für Gesundheit (Hrsg.) (1995), *Aufsuchende Sozialarbeit in der AIDS-Prävention- das Streetworker-Modell,* Verlagsort: Baden-Baden.

Dekrell, N. (2010), *Beschaffungsprostitution Die Lebenswelt von drogengebrauchenden und sich prostituierenden und Konsequenzen für das methodische Handeln in der Sozialen Arbeit* (Diplomarbeit), Verlagsort: Hamburg

Deutsche AIDS Hilfe e.V.(Hrsg) (2006), *Handbuch: Zugehende Sozialarbeit mit Drogengebrauchenden Frauen und Männer,* Verlagsort: Berlin

Geiger, T., Meier, J. (1993), *Seele mieten, Gespräche mit Drogenprostituierten und ihren Freiern.* Verlagsort: Fulda

Kavemann, B. (2009), *Das Prostitutionsgesetz –aktuelle Forschungsergebnisse, Umsetzung und Weiterentwicklung,* Verlagsort: Opladen

Langer, A. (2003), *Klandestine Welten – mit Goffmann auf dem Drogenstrich,* Verlagsort: Königstein/Taunus

Möller, K. (2010), *Dasselbe in grün? Aktuelle Perspektiven auf das Verhältnis von Polizei und Sozialer Arbeit.* Verlagsort: Weinheim und München

Moss, L. (2006) *Das erste Mal und immer wieder Autobiografische Schilderung einer Prostituierten,* Verlagsort: München

Narciss, A. (1991) *Streetwork mit Prostituierten, historische und sozialpädagogische Hintergründe einer Praxiserfahrung im ländlichen Raum.* Verlagsort: Nürnberg

Natascha (2007), *Seelenficker,* Verlagsort: Diedorf

Sozialpädagogisches Institut Berlin (Hrsg.) (1988), *Drogenabhängige Prostituierte und ihre Freier. Verlagsort: Berlin.*

Strobl, I. (2006), *Es macht die Seele kaputt, Junkie Frauen auf dem Strich,* Verlagsort: Berlin

Tiede, I. (1997), *Mädchenprostitution: ein Versuch aus dem Elternhaus auszubrechen.* Verlagsort: Reinbeck bei Hamburg

Von Drücker, E. (2005) *Sexarbeit –Prostitution –Lebenswelten und Mythen.* Verlagsort: Bremen.

Zurhold, H. (2005), *Entwicklungsverläufe von Mädchen und jungen Frauen in der Drogenprostitution.* Verlagsort: Berlin.